la Planète Blanche

7-13, bd Paul-Émile-Victor – Ile de la Jatte
92521 Neuilly-sur-Seine Cedex

www.michel-lafon.com

Jean-Louis Étienne

présente

La Planète Blanche

Textes de Thierry Piantanida

Michel Lafon

Les régions polaires ont cette force d'attraction des choses inaccessibles qui inspirent des engagements passionnels. Il y a presque trente ans que je fréquente ces latitudes extrêmes et pas un seul instant, même dans les situations les plus critiques, je ne me suis dit « plus jamais ». Une fascination paradoxale s'exerce chez tous ceux qui entrent dans cet univers impitoyable. Dans l'apparente pauvreté sensorielle, sans aucune référence à l'humain que nous sommes, sans odeur, sans bruit autre que celui du vent, le voyageur en apesanteur du monde doit réapprendre à vivre. L'humilité est de mise, tout se conquiert à force de persévérance.
Ici quelques rares espèces ont, au cours des millénaires, réussi le pari biologique de s'installer aux limites de la vie, une vie si chère à défendre qu'elle est difficile à débusquer. Au début, le regard aveugle se balade sur ces immensités sans repère, noyé dans un éblouissant dégradé de bleu, de gris et de blanc, si bien qu'il faut du temps et beaucoup de patience pour commencer à voir. *La Planète blanche* est le fruit de longues observations attentives. Ses auteurs ont passé des années dans l'isolement absolu, immobiles malgré les morsure du froid, pour nous rapporter les images exceptionnelles de cette fresque polaire.

Préface

Pourtant, derrière cette apparente virginité, l'Arctique souffre à distance des perturbations environnementales que nous infligeons à la Terre. La pollution invisible, que les fleuves, l'atmosphère et les courants marins transportent jusque dans ces régions reculées du monde, infiltre sournoisement le sang, la graisse et le lait de l'ours polaire. Le réchauffement climatique est l'autre fléau environnemental qui frappe le Grand Nord de façon spectaculaire : les maisons, les routes construites sur le permafrost se lézardent, deviennent bancales, s'effondrent. Autrefois gelées toute l'année, d'immenses étendues marécageuses apparaissent dans la toundra, produisant d'importantes quantités de méthane qui accroissent l'effet de serre. En cinquante ans la banquise a perdu 40 % de son épaisseur. L'emballement du processus pourrait conduire en moins d'un siècle à la disparition de la banquise en été. Cette disparition estivale du pôle froid de l'hémisphère Nord entraînera une rupture dans l'harmonie climatique de la Terre, avec de graves conséquences sur la biodiversité. Amputé d'une part importante de son territoire de chasse, quel est l'avenir de l'ours polaire ?
L'indifférence humaine pèsera très lourd sur les espèces marines dont la vie est étroitement dépendante de cette banquise. Tous les peuples chasseurs des contrées polaires voient leur terrain devenir dangereux et impraticable par la fragilité ou la disparition de la glace le long des côtes et dans les fjords. La limite septentrionale de la forêt boréale se déplace vers le nord, avec tout le cortège des animaux qui l'habitent, chassant ainsi vers l'ultime Arctique les rares espèces qui lui sont inféodées et qui sont menacées.
La réduction de la banquise va peu à peu libérer les voies navigables des légendaires passages du Nord-Est et du Nord-Ouest, et ouvrir l'accès à de nouvelles ressources sur le plateau continental, soulevant ainsi des questions politiques de souveraineté, et de nouvelles préoccupations environnementales.

L'homme du XXIe siècle, par sa puissance hégémonique, a pris sur Terre le contrôle de l'évolution des espèces et des espaces. La croissance démographique, les besoins de santé, de technologie, de déplacement, de consommation et de confort condamnent l'homme à vivre dans un monde où les solutions seront de plus en plus issues de son intelligence. Même si elle ne cesse de nous surprendre, l'intelligence humaine ne saurait à elle seule répondre à toutes les menaces. Il faudrait en plus une dose de conscience environnementale, par jour et par habitant, offerte à la planète, pour que dure le développement de l'humanité.

JEAN-LOUIS ÉTIENNE

L’Arctique est un univers unique, façonné par la glace et le vent. Un océan gelé posé sur le toit du monde, cerné par des terres arides.

La Planète blanche est une région immense : 38 fois la France ! Elle est faite de glace de mer, la banquise. De plaines infinies et désolées, la toundra. De montagnes et de glaciers. Elle est habitée par une faune unique qui a su s’adapter à des conditions extrêmes, à la limite de la survie.

Grande réserve d’eau douce et élément régulateur du climat de l’hémisphère Nord, ce monde fragile et méconnu est menacé.

Va-t-il disparaître alors que nous commençons à peine à en découvrir les mystères ?

L’Arctique en hiver

J'ai affronté le blizzard et la nuit polaire, j'ai longtemps marché dans le désert glacé.

Malgré des conditions climatiques difficiles, le continent accueille une faune d'herbivores (bœufs musqués, caribous, lièvres, lemmings, et quantité d'oiseaux) et de prédateurs : loups, renards, gloutons, oiseaux chasseurs.

L'océan est l'autre grand pourvoyeur de nourriture. Dès le retour des beaux jours, le brassage des eaux et la lumière permanente provoquent une explosion de vie planctonique qui nourrit le temps d'un bref été poissons, phoques, baleines, oiseaux...

Celui qui règne en maître sur la banquise, c'est l'ours blanc. Mais son royaume est menacé. Depuis quelques décennies, les scientifiques mesurent le recul de la banquise en raison du réchauffement et redoutent sa disparition totale en été avant la fin du siècle. Quelles seront les conséquences d'un tel bouleversement pour des espèces adaptées à la glace ? Nul ne peut le dire avec précision, car ce monde qui se transforme à toute vitesse nous est encore largement inconnu.

Le renard polaire est peut-être le plus attachant des habitants de l'Arctique. Effronté jusqu'à venir manger dans la main, il trottine sans trêve dans la toundra, perpétuellement en quête d'un repas.

Imaginez une énorme carapace de glace de 2 000 à 3 000 mètres d'épaisseur ! Un sarcophage de 70 millions de kilomètres cubes qui annihile toute vie. Il y a 20 000 ans, un tiers de l'hémisphère Nord est recouvert d'un volume de glace deux fois supérieur à celui qui occupe le continent antarctique aujourd'hui. La calotte descend jusqu'à New York, Londres et Berlin. Cette formidable masse d'eau gelée a tellement puisé dans les océans que leur niveau a baissé de 120 mètres. La carte du monde a été transfigurée. La France et l'Angleterre sont réunies. L'Alaska et la Sibérie ne font qu'un. La glace écrase les continents qui s'affaissent de 600 à 700 mètres. Nulle trace de vie, bien sûr, dans cet univers glacé. Mais peu à peu, le climat se réchauffe. La glace recule et le niveau de l'océan monte. Et petit à petit, la vie part à la conquête du désert de glace.

D'abord, le lichen et la mousse s'accrochent à la roche nue, à peine libérée de son linceul. Des arbres nains parviennent à pousser. Ils attirent peu à peu les herbivores : d'abord les mammouths et les aurochs, puis les bœufs musqués, les caribous et les lièvres, qui s'adaptent à ce climat rigoureux. Ils sont suivis par les prédateurs, en marche vers le Nord. Le loup, le renard, l'ours s'approprient à leur tour ces nouvelles terres...

J'ai écouté, j'ai regardé, et la Planète blanche m'a livré ses secrets.

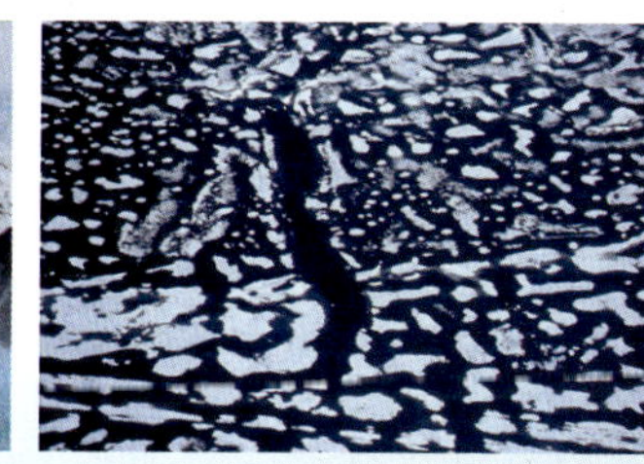

Le seigneur de ce royaume
ne craint pas l'hiver qui arrive.

L'ourse sait que le temps est venu de se retirer du monde.

Elle a creusé une tanière secrète ; ses petits naîtront bientôt.

En novembre, la mère ourse s'aménage une tanière dans la neige, au flanc d'une colline. Elle a choisi l'endroit avec soin. Une pente de 20 à 30 %, exposée au sud. Une neige abondante mais pas trop tassée pour qu'elle garde toute ses qualités isolantes.
Un étroit couloir conduit à une chambre ronde. On dirait un igloo ! Les Inuits n'ont rien inventé... L'entrée, dirigée vers le bas pour réduire la déperdition de chaleur, est soigneusement obstruée par un bouchon de neige. Parfois, la tanière possède une deuxième sortie. Au cours de l'hiver, la mère entretiendra et consolidera sans cesse son petit domaine.
Dans cette alcôve secrète, invisible de l'extérieur, deux oursons naissent au moment de Noël. Ou plutôt deux minuscules larves roses, aveugles et dépourvues

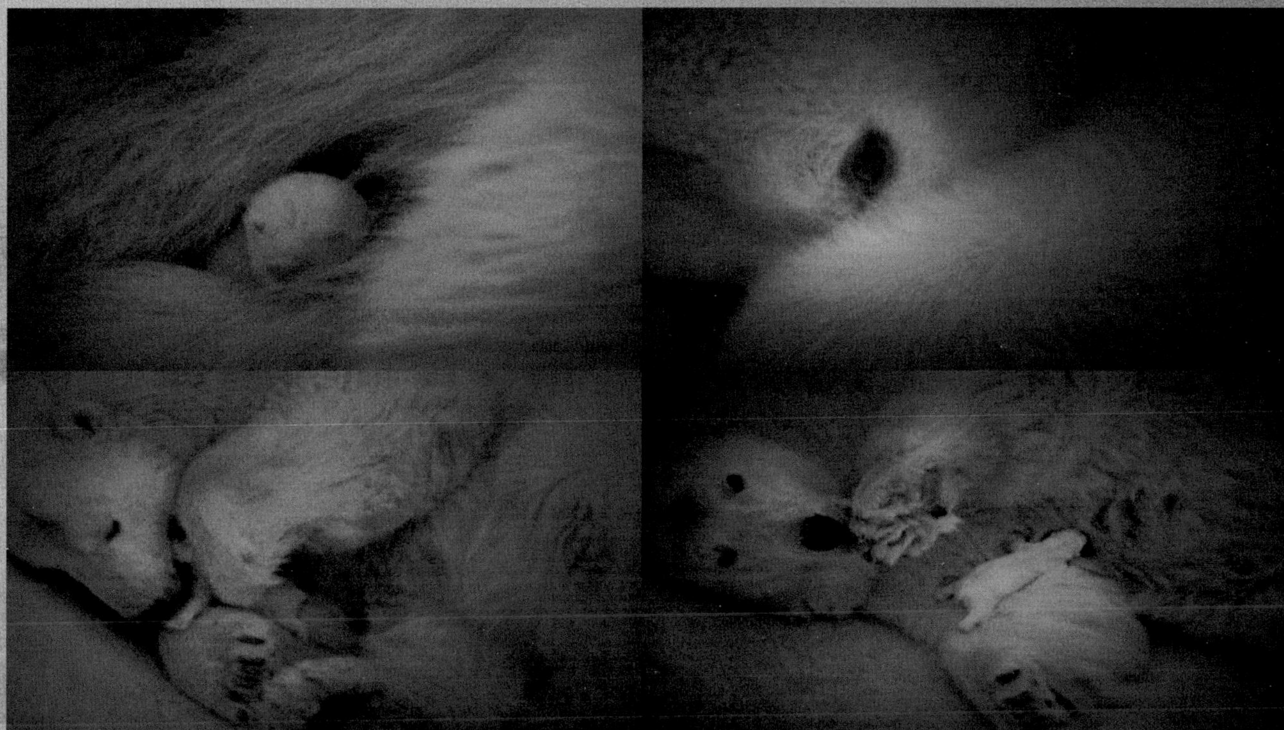

de poils, qui ne pèsent que 500 ou 600 grammes. Soit cinq cents fois moins que leur mère. Elle les installe délicatement sur elle, souffle doucement sur eux pour les réchauffer et les lèche longuement. Ils sont si petits qu'on les voit à peine entre les poils de leur gigantesque mère.

Au cours de l'hiver, ils multiplieront leur poids par vingt. Dans la tiédeur relative de la tanière, dans l'obscurité complète, sans absorber la moindre nourriture, cette mère modèle allaite ses petits d'un lait très riche (40 % de matière grasse) pendant cent jours. Jusqu'au retour de la lumière, jusqu'à ce que les oursons soient suffisamment robustes pour affronter les rigueurs du monde extérieur.

Pour les Inuits, les habitants de l'Arctique, les aurores boréales sont les esprits qui dansent dans le ciel.

Au commencement du monde régnait la nuit. Le renard aimait l'obscurité, mais le corbeau rêvait de lumière. Pour contenter l'un et l'autre, Sila, l'esprit du temps, fit alterner le jour et la nuit. Ainsi est née la Planète blanche.

Fin février. Derrière la colline, le soleil est réapparu pour la première fois depuis trois mois. La lumière ramène l'espoir sur la Planète blanche. Promesse d'une vie nouvelle. Mais il faut attendre la fin du mois de mars pour que l'hiver commence à perdre de sa vigueur.

Dans le couloir d'entrée, la mère a perçu le réchauffement de la température extérieure. C'est le signal de la première sortie de la famille ours. Le réchauffement est très relatif : il fait généralement entre – 20 °C et – 25 °C lorsqu'elle pointe le nez dehors.

Pour les oursons, étourdis de lumière et d'espace, la sortie de la tanière est une seconde naissance. Alertes, aventureux, ils sont prêts à croquer la vie. Leur mère en revanche cligne des yeux sous la lumière éblouissante. Affaiblie par un long jeûne et trois mois d'inactivité forcée, elle peine à tenir sur ses pattes.

La Sortie de la Tanière

L'ours polaire mâle est un solitaire qui ne fréquente sa compagne qu'au moment de l'accouplement. Contrairement à elle, il n'a pas à jeûner 100 jours et à nourrir ses petits.

Le mâle qui s'approche est une menace pour les oursons :

la mère craint qu'il ne les tue, pour pouvoir la séduire.

La bouche pâteuse, elle lèche la glace pour étancher sa soif. D'un pas hésitant, elle descend la pente, redressant la tête pour humer l'air frais. Son flair prodigieux lui permet de détecter un phoque à des kilomètres de distance, la perspective d'une partie de chasse stimule tous ses sens. Mais de nombreux jours passeront sans doute avant la capture du premier phoque. La banquise est une école de patience.

Les oursons resteront dépendants de leur mère jusqu'à ce qu'ils soient assez lourds pour briser la glace ou la croûte de neige durcie qui protège les phoques Dans les régions les plus froides de l'Arctique, il faut parfois trois ans pour que les jeunes s'émancipent.

Les petits courent dans ses pattes. Ils se bousculent. S'amusent d'un rien : une boule de neige durcie fait une excellente baballe que l'on pousse, que l'on croque. Une pente glacée un parfait toboggan. Et puis sans prévenir, les petits, épuisés par tant de découvertes, se pelotonnent contre leur mère pour une sieste réparatrice. Les ours sont maîtres dans l'art d'économiser l'énergie. Comme les chats, et la plupart des prédateurs, ils dorment énormément.

La mère supporte toutes leurs agaceries avec une infinie patience. Les oursons lui mordillent les oreilles et le museau. Chahuteurs, ils lui grimpent dessus et s'installent volontiers sur son dos pendant qu'elle surveille en permanence les alentours. Sa grande hantise – et la pire menace pour les oursons – est l'apparition de son compagnon, ou d'un autre mâle solitaire. Non seulement le mâle ne s'occupe pas de sa nichée, mais il arrive qu'il tue les jeunes. Car une fois les oursons éliminés, la femelle sera de nouveau disponible. À la moindre alerte, la mère opère un repli stratégique vers la tanière avec ses petits. Au bout de quelques semaines, la famille se rapproche de la banquise qui sera un nouveau terrain de jeu et d'apprentissage. Comme chez tous les prédateurs, le jeu est prétexte à leçon. La banquise est un univers mouvant plein de dangers et le phoque, la proie favorite des ours, un gibier rusé et particulièrement difficile à chasser. Il faudra pas moins de deux années d'apprentissage aux oursons pour maîtriser l'art de la capture. Deux années pendant lesquelles la mère doit chasser pour trois.

À la limite de la forêt boréale,au bord de la baie d'Hudson, au Canada, vit la population d'ours blancs la plus méridionale du monde et aussi la plus menacée.

La banquise est un monde instable et dangereux. C'est une mince pellicule, à la merci des vents et des courants, posée sur la surface d'un océan de 5 000 mètres de profondeur. Elle est pourtant le lieu de vie des phoques du Groenland. Au début du mois de février, en plein cœur de l'hiver, « les blanchons » – c'est ainsi que l'on nomme les phoques nouveau-nés – voient le jour sur la glace.

Comme chaque année, les mères se sont rassemblées pour accoucher toutes ensemble. À sa naissance, le blanchon n'a pour seule protection contre le froid que sa belle fourrure blanche. Il doit impérativement se constituer une bonne couche de graisse avant de pouvoir s'aventurer dans l'océan. Mais la nature est bien faite. Le lait de sa mère est si riche – 60 % de graisse, un record – qu'il grossit de 2 kilos par jour. Commence alors une course contre la montre, car il doit être autonome avant que la banquise ne se disloque. Trois semaines, c'est le délai dont il dispose pour savoir se débrouiller seul...

Les Phoques

En hiver, l'océan Arctique est recouvert d'un épais manteau de glace, c'est la banquise, le territoire des phoques.

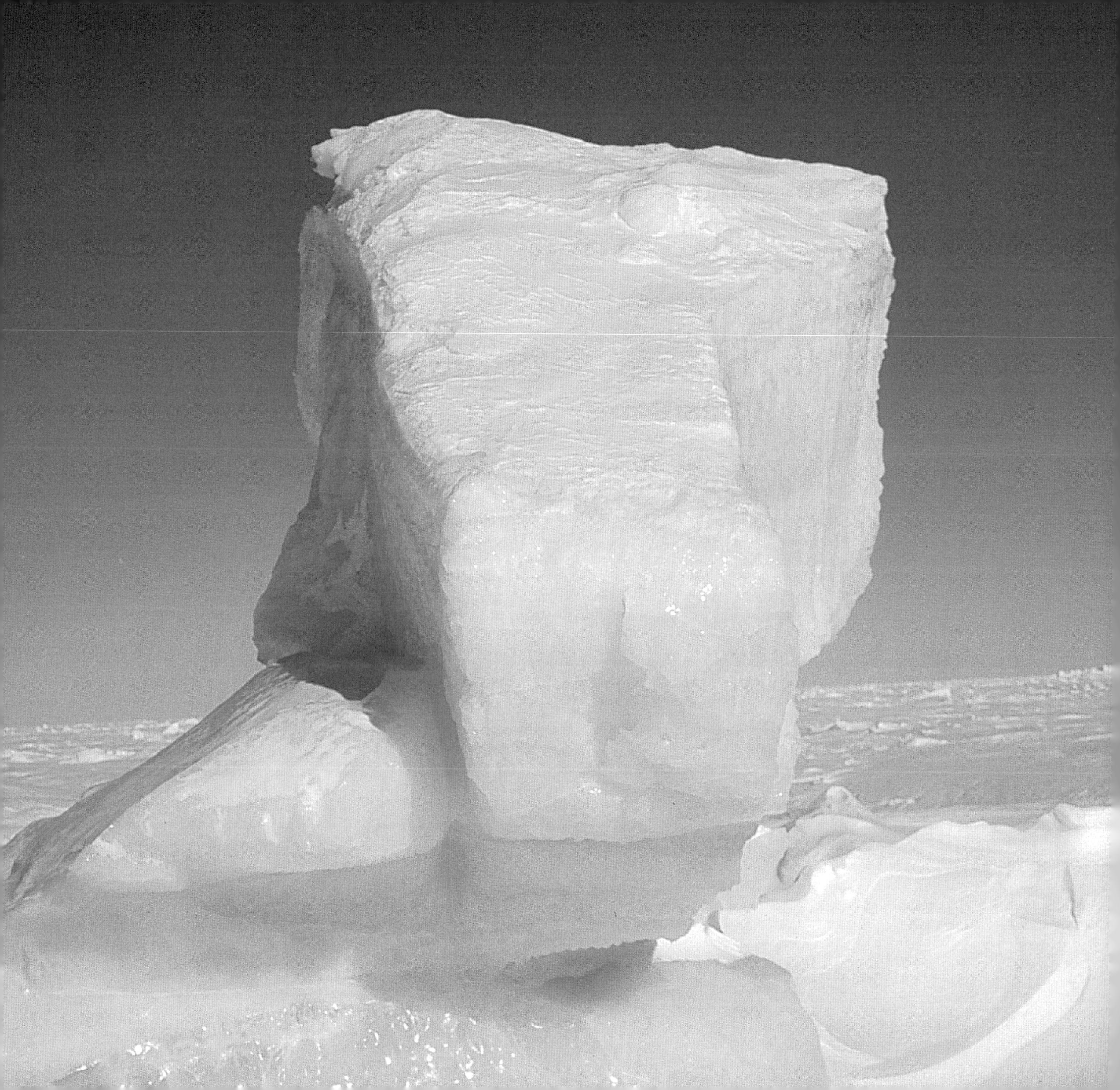

En dix jours, il se fabrique une couche de lard de 5 centimètres qui lui permet d'endurer une température qui atteint – 30 °C et de supporter les longues heures d'immersion lorsqu'il partira à la pêche en mer. Dans les premiers jours qui suivent sa naissance, le principal danger que court le blanchon est la glace. Cette matière mouvante est à la merci des tempêtes d'hiver qui disloquent parfois la banquise. D'énormes plaques se fracassent alors les unes contre les autres, risquant à tout instant de broyer dans son étau les petits sans défense. Heureusement, le séjour des phoques sur la glace est réduit au minimum. Très vite, le blanchon mue pour revêtir une épaisse fourrure brune. Maintenant, il peut suivre sa mère dans l'élément liquide où le danger est moins grand et la température plus clémente. Mais il est si gras qu'il ne peut pas encore plonger. Au fil des jours, sa densité va évoluer et il pourra plonger de plus en plus profondément à la recherche des poissons dont il se nourrit. Sous l'eau, les phoques sont de gracieux ludions qui virevoltent dans un décor fantastique de blocs enchevêtrés. Car la banquise n'est pas plus lisse en dessous qu'au-dessus.

De frayeurs en surprises, le petit blanchon découvre son monde.

Il ne passe que trois semaines avec sa mère pour apprendre à nager, à plonger, trois semaines pour apprivoiser la glace, et puis il s'en ira, seul, à travers l'océan.

Les crêtes de compression, échafaudages de glace qui atteignent plus de dix mètres de haut, se forment également sous la surface. Des plaques se dressent à la verticale, se soudant les unes aux autres jusqu'à vingt mètres de profondeur. De délicates aiguilles de glace se forment, entre lesquelles joue la lumière du soleil. La banquise est un monde sauvage et splendide, où règne la loi du chaos.

Dès l'âge de trois semaines, le petit phoque est sevré. Si d'aventure il est séparé de sa mère plus tôt, il n'a aucune chance de survivre seul sur la glace. Les autres mères n'adoptent jamais un orphelin. Lorsqu'il quitte sa mère, il part seul dans l'océan, vers le Nord, pour gagner les zones de nourrissage d'été. Plongeur émérite, comme tous les phoques, il pourchasse en profondeur toutes sortes de poissons qu'il surprend sans peine grâce à sa vitesse et à son agilité. Il attendra rapidement sa taille d'adulte : 120 kilos si c'est une femelle, et 140 si c'est un mâle, pour une longueur de 1,6 mètre. La rondeur se porte bien, chez les phoques...

La mère phoque du Groenland reconnaît son petit parmi des centaines d'autres grâce à son odeur et à ses vagissements. Le petit perdra sa belle fourrure blanche, le laguno, à trois semaines, au moment du sevrage.

Le phoque à capuchon est un voisin déconcertant.

Sur son lieu de naissance, le petit blanchon croise parfois un voisin très impressionnant : le phoque à capuchon. Ce grand phoque peut peser plus de 300 kilos à l'âge adulte. À la naissance, le petit porte un superbe pelage gris bleu. Lui aussi était vêtu de blanc, mais il a mué... dans le ventre de sa mère ! Il ne faudra que cinq jours à ce dur à cuire pour être sevré et partir lui aussi dans l'océan pour subvenir à ses besoins. La nature polaire ne peut s'offrir le luxe de longs mois de maternage. L'autonomie est un gage de survie pour tout le groupe.
Jaloux de son territoire, le phoque à capuchon gonfle une imposante poche sur le dessus de son museau pour impressionner les intrus. Si en revanche c'est une femelle, il gonfle une deuxième poche d'un rouge écarlate dissimulée... dans son nez. Les voies de la séduction sont infinies...

La banquise est le territoire de chasse de l'ours. Il la parcourt inlassablement d'un trot léger ou de son pas caractéristique, curieusement chaloupé. L'ours marche en fait comme... la girafe. Il va l'amble, c'est-à-dire qu'il se déplace en levant simultanément les pattes du même côté. Mais ses déplacements n'ont rien d'erratique. Il connaît parfaitement son territoire, qui est immense. Il sait où et quand la banquise va s'ouvrir à la fin du printemps. Il n'ignore rien des mouvements des phoques au fil des saisons. Sa patte, palpeur infaillible, teste la résistance de la glace qui doit supporter ses 300 ou 400 kilos. En hiver, il recherche les « aglus », les trous où les phoques viennent respirer. Les Inuits prétendent que l'ours peut amoindrir l'épaisseur de glace autour de l'aglu pour mieux capturer le phoque lorsqu'il sort la tête pour respirer.

La Chasse de l'Ours

Sur la banquise,
le soleil ne se
couche plus.

Pendant la chasse, les jeunes restent à l'écart. L'exercice est assez difficile comme ça, sans avoir des oursons dans les jambes. Dès que le phoque est capturé, ils accourent et mangent les premiers. Le repas se termine généralement par une longue séance de débarbouillage et une bonne sieste. Une fois encore, la banquise a nourri la famille. Mais la mère sait que le temps de l'abondance ne durera pas. L'été n'est plus loin. Bientôt, la glace va se fracturer et son territoire de chasse se réduira inexorablement. Les phoques s'éparpilleront sur la glace pour se chauffer au soleil. Il sera de plus en plus difficile de les approcher. Ce sera le temps du jeûne. Les mois de privations. C'est pourquoi il faut faire provision de graisse maintenant. La vie de l'ours n'est une longue succession de ripailles et de régimes.

La banquise est le territoire de chasse de l'ours. Il la parcourt inlassablement d'un trot léger ou de son pas caractéristique, curieusement chaloupé. L'ours marche en fait comme... la girafe. Il va l'amble, c'est-à-dire qu'il se déplace en levant simultanément les pattes du même côté. Mais ses déplacements n'ont rien d'erratique. Il connaît parfaitement son territoire, qui est immense. Il sait où et quand la banquise va s'ouvrir à la fin du printemps. Il n'ignore rien des mouvements des phoques au fil des saisons.

Sa patte, palpeur infaillible, teste la résistance de la glace qui doit supporter ses 300 ou 400 kilos. En hiver, il recherche les « aglus », les trous où les phoques viennent respirer. Les Inuits prétendent que l'ours peut amoindrir l'épaisseur de glace autour de l'aglu pour mieux capturer le phoque lorsqu'il sort la

L'ours a de plus en plus de mal à chasser à mesure que la banquise se défait. Il essaie de surprendre un phoque endormi ou un jeune tapi dans sa tanière de neige.

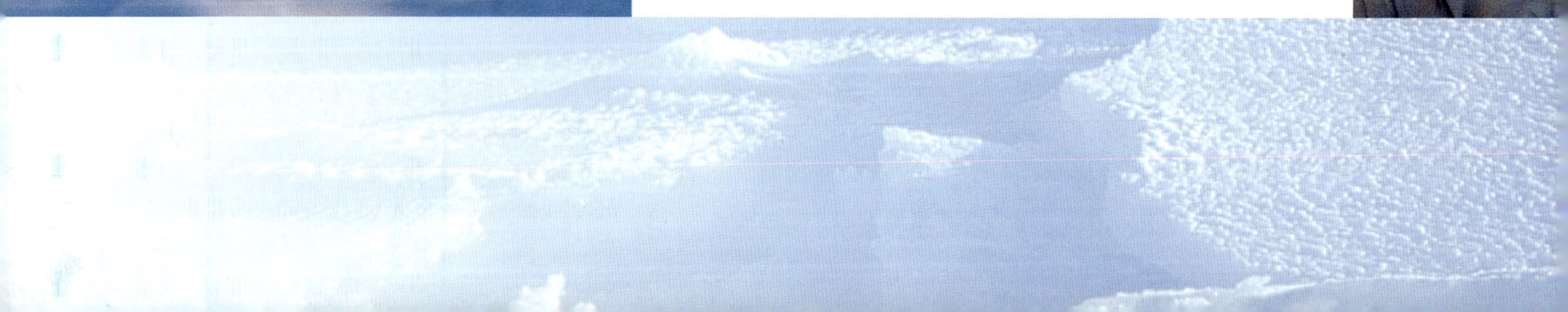

Il pourrait également recouvrir de neige les abords du trou pour éviter d'être repéré par transparence. Le rusé compère pense même à cacher avec sa patte le bout de son museau tout noir pour ne pas donner l'éveil ! Il se fige pendant des heures comme une statue et attend, insensible au froid ou à la fatigue. Tôt ou tard, le phoque apparaîtra. Alors, la détente de la patte est foudroyante. Le petit phoque annelé – sa proie favorite – est tué sur le coup. Projeté sur la glace, il est aussitôt dépecé à la façon d'un lapin. L'ours dépouille en quelques coups de dents le phoque de sa couche de graisse et l'engloutit. C'est de loin la partie la plus nourrissante de l'animal. La plupart du temps, il abandonne la carcasse aux charognards : les renards qui le suivent, les corbeaux et les oiseaux de mer.

Le renard est opportuniste. Il suit l'ours avec la certitude de faire tôt ou tard un bon repas à l'issue d'une chasse réussie. Une carcasse abandonnée est pour lui le plus beau des cadeaux.

Grâce à son expérience, la mère une fois encore a nourri ses petits. L'ours dépend entièrement de son territoire de chasse, la banquise.

L'entraînement à la chasse est essentiel pour les jeunes ours. Ils doivent apprendre à utiliser leur flair... et leur poids pour surprendre leur proie.

Début juin, les immenses fjords de l'Arctique sont immobiles, figés dans un hiver qui semble ne plus finir. Et puis un jour, un vol d'oiseaux traverse l'horizon au ras de l'eau. Ce sont les eiders, ces canards que la qualité de leur plumage a rendus célèbres dans le monde entier. Ils se posent sur la glace, reprennent leur souffle et se lissent les plumes. Quelle force les a poussés à entreprendre ce voyage de plusieurs milliers de kilomètres vers le Nord ? Plus que la faim, c'est l'instinct qui les ramène chaque année sur le lieu de leur naissance. Ils ont vu le jour au pays du soleil de minuit, terre d'abondance le temps d'un été.

Mais est-ce là la terre promise ? Tout autour, ce n'est que neige et glace, froid et hiver. Pourtant, dans ce drôle de pays où le printemps dure l'espace d'un instant, le paysage va se transformer radicalement en quelques semaines, voire en quelques jours.

L'Ouverture de la Banquise

Si l'océan est toujours pris dans les glaces, la toundra, cette plaine immense qui le borde, se réchauffe beaucoup plus vite. Le soleil fait fondre la neige. Avant même qu'elle ne soit complètement fondue, une herbe drue pointe. Des ruisselets d'eau claire se forment partout. Ils alimentent des mares, des étangs, des lacs peu profonds. Un vol d'oies du Canada en formation impeccable s'abat dans ce marécage sans limites. Les voyageuses se ruent sur les pousses tendres qui sortent de terre. Le grand désert de glace est devenu le plus vaste pâturage du monde. Sous la banquise immobile, des forces colossales sont à l'œuvre. Les vents et les courants joignent leurs forces pour rompre la carapace qui recouvre la mer. Une longue fracture s'ouvre au milieu du fjord et court vers l'horizon. Les bords s'entrechoquent et s'écartent. Un passage apparaît dans les glaces. Pour tous ceux qui attendaient ce moment depuis longtemps, c'est le signal.

Dans les immenses fjords, tout semble immobile.

En l'espace de quelques jours, la carapace de glace qui recouvre la mer se fracture. Sur le continent, la neige fond sur les versants exposés au soleil. C'est le début de la belle saison.

Pourtant, sous la glace,
des forces colossales
sont à l'œuvre.

Au milieu du chaos, un souffle de mystère ...

... Le narval, une créature de légende.

Un dos ardoise moucheté de blanc glisse à la surface. Puis un deuxième, un troisième. Une curieuse petite queue en forme de pelle apparaît. Un rostre impressionnant pointe hors de l'eau. Les narvals sont les premiers à s'engouffrer dans la brèche. Aucun animal peut-être n'a fait fantasmer les hommes davantage que la licorne de mer. Aujourd'hui encore, les apparitions de ce mammifère marin très secret sont furtives. On ne l'aperçoit qu'en été, à l'ouverture de la glace. Puis il disparaît... Sa légende, il la doit à l'une des deux dents de sa mâchoire supérieure qui se développe démesurément. Elle perce la lèvre supérieure et se torsade au fil du temps pour atteindre deux, voire trois mètres de longueur. Il serait sans doute vain de s'interroger sur l'utilité d'un tel appendice : la nature ne produit pas des « outils », mais l'évolution tolère une foule d'aberrations, tant qu'elles ne sont pas préjudiciables à l'espèce. La défense du narval ne lui sert pas à pêcher, mais joue sans doute un rôle dans les affrontements saisonniers entre mâles. On lui prête toujours des vertus aphrodisiaques, notamment en Asie, ce qui contribue au trafic de défenses. Au XVIe siècle, la reine Élisabeth Ire d'Angleterre acheta un beau trophée 10 000 livres. Le prix d'un château.

Le narval, poussé par la faim, est le premier cétacé à s'engouffrer dans le labyrinthe des chenaux qui s'ouvrent dans la banquise.

Sous la banquise, la vie a pris une longueur d'avance. Les rayons du soleil filtrent à travers la glace, apportant chaleur et lumière. Il n'en faut pas plus pour que les algues se mettent à pousser sous la glace, comme une prairie à l'envers. Le plancton croît à toute vitesse dans les eaux côtières peu profondes, grâce à l'abondance de nourriture apportée par les courants et à la lumière intense vingt-quatre heures sur vingt-quatre. Plus nombreux que les insectes sur terre, les copépodes, crustacés planctoniques, prolifèrent en se gavant de plancton végétal. La grande chaîne de la vie est en place. Poissons, mollusques, oiseaux, phoques, mammifères marins se ruent sur cette bonne fortune. Les eaux de l'Arctique deviennent pour quelques mois les plus productives du monde. Et chacun sait que le temps de l'abondance ne dure pas. Il faut profiter de la manne pour constituer ses réserves. Comme le chameau avant la traversée du désert, les visiteurs de l'Arctique se préparent déjà à la traversée de l'hiver.

Attirée par le plancton, la baleine boréale s'engage dans le labyrinthe des glaces.

Mais à tout moment, le passage peut se refermer et la condamner à la noyade.

Respirant de loin en loin dans les trous de la banquise qui commence à s'ouvrir, la baleine boréale cherche son chemin vers le Nord.

Sous la banquise, des sons incroyables retentissent. Cliquetis, sifflets, cris, grognements témoignent d'une communication élaborée parmi le groupe qui s'approche. Tout blancs dans ce décor immaculé, les bélougas sont de joyeux fantômes qui semblent fêter indéfiniment le retour du printemps. Ils s'interpellent, se répondent, chaque individu possède sa propre signature acoustique qu'il répète inlassablement. Les mères sont flanquées de leurs jeunes, à la robe sombre, qui les suivent comme leur ombre. De temps à autre, un adulte lâche un chapelet de bulles, comme une bonne plaisanterie. Le bélouga ressemble à un moine débonnaire avec sa grosse tête et sa large gueule qui semble sourire en permanence.

Mais cette tête volumineuse cache un sonar sophistiqué : le « melon », boule graisseuse mobile qui concentre les sons émis par les sacs nasaux et les envoie sous forme de trains de clics d'écholocation très rapides. Les clics se réfléchissent contre le moindre obstacle et retournent à l'envoyeur. Les récepteurs sont des poches graisseuses à l'intérieur de la mâchoire inférieure. Les sons sont acheminés jusqu'à l'oreille interne et retransmis au cerveau sous forme d'impulsions nerveuses. Grâce à ce système de détection sophistiqué, le bélouga peut non seulement localiser ses proies dans l'obscurité complète, connaître la vitesse de progression du banc de poissons, sa taille, mais il obtient aussi une image en trois dimensions de son univers : le dédale de la banquise, les zones d'eau libre où il pourra respirer, et probablement même la texture de la glace autour de lui.

Sous la glace, les bélougas fêtent le retour du printemps.

Sous la banquise, une infinité d'espèces planctoniques aux couleurs iridescentes.

Début juillet, les grandes baleines boréales font leur apparition le long des côtes. On n'entend d'abord qu'un souffle dans le lointain. Comme un murmure. Puis la respiration prend de l'ampleur, lente, profonde, incroyablement sereine. Enfin, le soleil accroche un dos noir et luisant qui disparaît aussitôt pour réapparaître un peu plus près. La boréale longe maintenant la lisière de la glace, là où se concentre la vie. Sa tête, énorme, fait un tiers de la taille du corps. La gueule béante est tapissée d'immenses fanons, longs de 2 à 3 mètres. La baleine est un énorme filet à plancton qui écume sans fin l'océan. Jadis, l'espèce a été massacrée sans scrupule pour son huile, avec laquelle toute l'Europe s'éclairait, et pour ses fanons avec lesquels on faisait parapluies et corsets...
D'autres baleines suivent. Parfois, l'une d'elles plonge pour faire une incursion sous la glace car les cétacés sont en quête d'un passage vers le Nord. Devant elles, un bouchon de glace de plusieurs dizaines de kilomètres de large, infranchissable même pour ces championnes de l'apnée, leur barre la route. Chaque jour, des pans entiers de banquise se disloquent et partent à la dérive. Peu à peu, l'obstacle se dissout dans l'océan. Il faut attendre. Les boréales ont l'éternité devant elles.

La banquise qui recouvrait depuis huit mois l'océan d'un couvercle de plus d'un mètre d'épaisseur se disloque. Le vent et les courants des marées charrient des glaçons de toutes formes, éphémères et étincelantes œuvres d'art de la nature. Les icebergs, ces grandes cathédrales, étaient figés depuis l'automne par la glace. Ils reprennent pour quelques mois leur errance dans l'océan, au gré des vents et des courants. Les oiseaux de mer s'y perchent par centaines. Les grands glaciers du Groenland se sont – eux aussi – remis en route. Ils s'écoulent sous leur propre masse, le long de la pente, depuis le centre de l'immense archipel vers les côtes, de plus en plus vite à mesure que l'air se réchauffe. Des torrents sous-glaciaires lubrifient la base. Arrivé le long des côtes, le glacier se fissure, s'effondre par pans hauts comme des immeubles de dix étages, soulevant d'énormes vagues...

La Fonte des Glaces

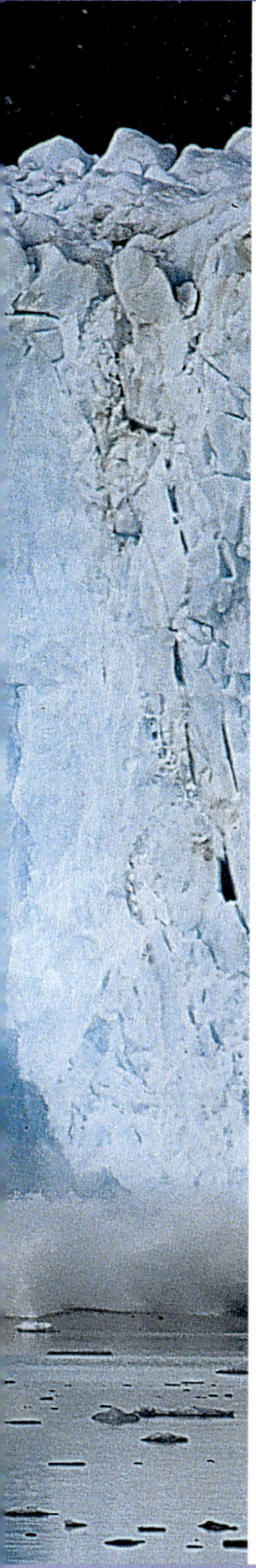

Souvent, il flotte d'abord sur la mer puis se fracture en icebergs sous l'assaut des vagues. Les icebergs subissent les ardeurs du soleil et les assauts des vagues qui les façonnent et les sculptent. Des arches, des aiguilles, des grottes apparaissent, décor de science-fiction. Sous l'eau, la glace est festonnée d'alvéoles modelés par le sel de l'eau de mer. Des crevasses bleutées s'ouvrent dans les flancs des montagnes de verre. Mais les éléments sapent inexorablement ces colosses fragiles.
S'ils ne sont pas à nouveau arrêtés par le gel à l'automne, s'ils ne s'échouent pas sur un haut fond, ils seront entraînés vers le Sud par les courants de dérive des glaces. Ils passeront le long des côtes du Labrador avant de se dissoudre peu à peu dans l'océan. C'est un de ces géants que le *Titanic* a rencontré, au large de Terre-Neuve, la nuit du 14 avril 1912...
Souvent, l'iceberg ne fait pas que flotter. Il laboure en même temps le fond de la mer avec sa monstrueuse quille, l'extrémité submergée parfois sous des centaines de mètres d'eau. Derrière le géant, une petite vallée sous-marine se forme au gré des courants et des vents.

Depuis peu, les glaciologues ont acquis la certitude que l'énorme calotte de glace qui recouvre le Groenland perd de la glace. Le réchauffement est à l'œuvre...

Les glaciers du Groenland, grande réserve d'eau douce de la planète, sont essentiels à l'équilibre de notre climat.

L'ours est un seigneur dont le royaume s'est dissouts dans l'océan.

Pour tous les habitants de la banquise, qui dépendent étroitement de la glace, voici venu le temps de la disette. La mère ourse n'a eu que trois mois pour refaire sa couche de graisse. Désormais, son domaine s'éparpille en mille morceaux. Pour les phoques, ce sera un jeu d'enfant de lui échapper. Mais elle a toujours trois bouches à nourrir. Et pas question de laisser les jeunes le ventre vide tout l'été. Ils ne le supporteraient pas. À la fin du printemps, le soleil réchauffe peu à peu l'atmosphère. Dans les endroits où la banquise est encore solide, le phoque agrandit son aglu pour pouvoir passer et commence à sortir se chauffer sur la glace. Il rêvait de ce bain de soleil depuis si longtemps ! Pour l'ours, c'est l'occasion de prolonger la période de chasse en espérant surprendre un endormi. Mais les phoques ne dorment que d'un œil et ils s'avertissent les uns les autres en cas de danger.

En désespoir de cause, la mère ourse s'intéresse aux phoques nouveau-nés, comptant sur leur inexpérience et leur distraction. Justement, en voici un qui rêvasse au bord de son aglu. La mère s'aplatit autant que faire se peut et s'approche, toujours plus près. L'étourdi n'a rien vu, pourtant, on ne voit qu'elle, sur la glace ! Le petit, rappelé à l'ordre par sa mère, finit par disparaître dans le trou. L'ourse fonce quand même et plonge la tête la première dans l'aglu. Ses pattes arrière s'agitent en l'air. Elle ressort dégoulinante et ridicule... Elle s'ébroue et s'éloigne en grognant. L'ours est un chasseur si expressif que les Inuits le prennent pour un homme. Un mythe inuit raconte que l'ours, à la fin de sa journée de chasse, rentre chez lui, dans son igloo. Il enlève sa fourrure, et en dessous apparaît un homme...

Les morses ont l'habitude de se déplacer sur les plaques de glace dérivantes. Il n'est pas rare de voir une plaque de quelques mètres carrés supporter quatre ou cinq bestiaux dont les plus gros dépassent la tonne. C'est à partir de ces radeaux qu'ils gagnent leurs lieux de nourrissage : des zones vaseuses peu profondes où abondent les coquillages.

L'absence de glace contraint les morses à se replier sur la terre ferme et notamment les îles. Ils vont y patienter tout l'été, en attendant le retour de la banquise. L'ours se retrouve dans la même situation. Les morceaux de banquise qui restent ne peuvent plus supporter son poids. Il s'aventure lui aussi à terre et croise le chemin des morses. Un morse adulte n'a pas grand-chose à craindre d'un ours. Il a le cuir épais, ce qui le met à l'abri des coups de patte. Quant aux défenses, ce sont des armes redoutables. L'ours est trop malin pour chercher la confrontation. Il fait un grand détour pour prendre la colonie à revers.

Il arrive dans le dos des morses et commence à donner des coups de patte ici et là pour créer la panique. Et ça marche. Les morses se ruent pêle-mêle vers l'eau, se bousculant, se piétinant. Et ce qui devait arriver arrive. Un petit abandonné se retrouve seul sur la plage. Une proie sans défense pour l'ours. Les oursons mangeront encore ce soir...

Les morses, réfugiés sur les dernières glaces, sont trop coriaces pour lui.

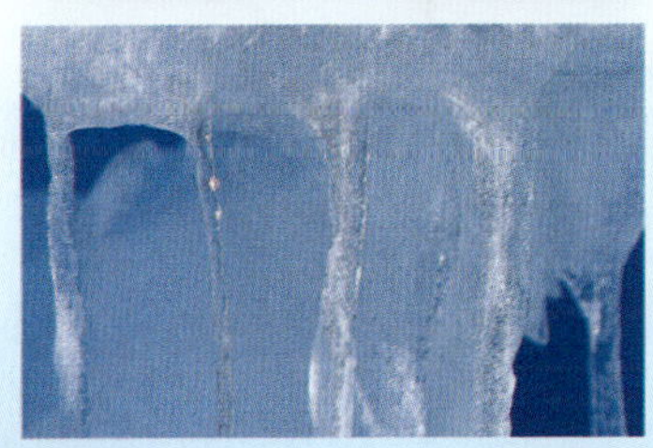

Sous les latitudes boréales, la nature s'est surpassée pour offrir un spectacle à nul autre pareil. Au soleil de minuit, la lumière joue sans fin avec une matière de choix : la glace, miroir déformant, étincelant, éblouissant, improbable... C'est peut-être auprès de ces cathédrales de glace géantes que l'on ressent le plus intensément la sensation de découvrir une autre planète, radicalement différente de tout ce que nous connaissons. Les icebergs sont de magnifiques joyaux de cristal, mais ce sont aussi des sentinelles qui nous avertissent que le changement climatique est enclenché. Des bouleversements qui nous dépassent sont en cours. Saurons-nous trouver le moyen de les maîtriser ?

Le caribou, cousin du renne européen, est un fils du vent et de la toundra. Chaque année, en avril, il entreprend la plus grande migration terrestre du monde. Plus de 1 000 kilomètres à travers collines, vallées et canyons du nord du Québec.

Il passe l'hiver dans la forêt boréale, se nourrissant d'écorces de bouleau et de lichen. La neige y est épaisse et il doit creuser sans cesse pour dénicher une maigre végétation. Les Indiens Micmacs du nord-est de l'Amérique l'appellent xalibu, « celui qui creuse ». D'où son nom. La famine guette. Heureusement, l'hiver commence à battre en retraite.

Dès l'approche des beaux jours, l'horloge biologique leur commande de se mettre en chemin. Ils ne s'arrêteront plus avant le prochain hiver. Ce sont les femelles qui partent en premier. Elles ont un mystérieux rendez-vous là-haut dans la toundra. En file indienne pour ne pas se fatiguer dans la neige profonde, elles partent. Au fil du voyage, les groupes rejoignent d'autres groupes et la harde grossit sans cesse.

Les Caribous

Le caribou est un animal rustique, parfaitement adapté aux conditions rigoureuses de l'Arctique. Il possède une épaisse fourrure constituée de poils creux formant un matelas d'air qui capte et retient la chaleur. Une bonne couche de graisse vient parfaire l'isolation et procure aussi une réserve de nourriture pour les périodes de disette. La température à l'intérieur de ses pattes est de 8 °C en hiver, alors que le reste du corps est à 38 °C. Ses larges sabots tout terrain s'accrochent aussi bien sur la roche que sur la glace. Ils lui servent tour à tour de pelle pour creuser, de raquettes pour progresser dans la neige fraîche et de pagaie pour traverser les fleuves. Il peut parcourir 50 kilomètres par jour dans un terrain si accidenté que personne ne peut le suivre... excepté le loup, son ennemi juré.

Le jour dit, l'instinct commande aux caribous de se mettre en chemin vers le nord.

Le cercle arctique marque plus ou moins la limite des arbres dans le Nord. Au-delà, le sol gelé en permanence empêche la forêt de se développer.

Ce sont d'abord les femelles qui partent, les mâles les rejoindront plus tard. Commence alors l'une des plus grandes migrations de la planète.

Les Inuits, comme dans une moindre mesure certaines nations indiennes, ont vécu pendant des millénaires grâce à cet animal. Le caribou leur procurait avec sa peau bottes, pantalons, vestes ; avec ses os et ses bois, pointes de flèches, couteaux, aiguilles à coudre, outils divers. Un mythe inuit dit que c'est pour localiser le caribou dans l'immensité de la toundra que les chamanes ont appris à voler.
En marche, le caribou fait entendre un curieux « clic-clic » provoqué par le tendon de la cheville qui frotte contre l'os. Il doit sans cesse se déplacer, car la toundra est une prairie fragile : le lichen, qui pousse très lentement, met de cinquante ans à un siècle pour se reconstituer après le passage de la harde.

Et le voyage continue, par canyons, montagnes et rivières en crue...

Début juin, tandis que les dernières neiges disparaissent de la toundra, les mères arrivent à l'aire de mise bas. Toujours au même endroit, souvent depuis plusieurs siècles. Le lieu est choisi avec soin : isolé, protégé, il ne doit pas être fréquenté par les loups. Est-ce un heureux hasard de la nature ? La date de mise bas des caribous coïncide avec celle des loups. Les louves étant fort occupées par leur propre progéniture, les mères caribous bénéficient d'une trêve...

Le petit caribou est sur ses pattes aussitôt après la naissance. Le lendemain, il trotte déjà et à l'âge d'une semaine, il est capable de distancer un loup à la course.

Et le voyage continue. Il faut escalader des montagnes, dévaler des canyons, traverser des rivières en crue... En chemin, les mâles rejoignent la harde. Les caribous sont maintenant des dizaines de milliers à progresser vers le Nord, comme une immense armée en marche.

À peine remises des fatigues de l'accouchement, les mères doivent affronter un autre tracas : les moustiques. En juillet, ils prolifèrent par milliards dans la toundra, soutirant jusqu'à un litre de sang par semaine à chaque animal. Une ponction qui a de quoi épuiser même un adulte en bonne santé. Le caribou a peu de moyens de défense face à un tel ennemi. Il court jusqu'à perdre haleine. Il se réfugie sur les dernières plaques de neige ou sur les sommets où le vent éloigne les insectes. Il se rapproche des côtes, où il fait plus frais. Les jours de canicule, la situation tourne au cauchemar. Les caribous se serrent alors les uns contre les autres pour exposer le moins de surface de peau possible aux moustiques et tournent en rond afin de générer un courant d'air.
Fin août, les moustiques disparaissent. La chaleur est moins intense et la nourriture dans les pâturages est encore de bonne qualité. Les caribous goûtent quelques semaines de repos. Ils en profitent pour reconstituer leurs forces avant le trajet de retour, en octobre, et en prévision de l'hiver, qui arrivera bien vite.

L'été est un calvaire pour les caribous. La toundra est un immense marécage où pullulent les moustiques.

Les insectes vampires les vident de leurs dernières forces.

Le lemming prolifère dans l'Arctique environ une année sur trois. Ses prédateurs règlent la taille de leur progéniture en fonction de l'abondance de ce petit gibier.

Tout au long de la migration, les grands herbivores sont harcelés par les loups. Jeu éternel de la vie et de la mort où le prédateur guette le jeune égaré ou le vieux qui traîne la patte. Car le caribou adulte est un combattant d'une vaillance sans faille, parfaitement capable de tenir tête à un loup. Un mythe Inuit rapporte que Kaïla, dieu de l'univers, envoya les loups sur terre pour chasser les caribous malades ou chétifs, de façon à ce que ne subsistent que les individus les plus gras.

En cas de disette, le loup sait se contenter de peu. Il ne craint pas de passer des heures à tenter de surprendre un modeste lemming à la sortie de son terrier et peut courser sans relâche un lièvre arctique jusqu'à l'épuiser. Comme tous les prédateurs de l'Arctique, il peut jeûner des jours et des jours en attendant la bonne fortune de la chasse.

Sur l'île d'Ellesmere, dans le grand Nord canadien, les loups sont plus grands qu'ailleurs. Ils s'attaquent sans hésiter au grand gibier.

L'été s'avance. La toundra se débarrasse des restes de son manteau de neige. Le désert fait place à un délicat jardin peuplé de plantes fascinantes. Des saules nains parviennent à y pousser, mais n'atteignent que quelques centimètres de hauteur à cause du sol gelé. Les branches rampent pour éviter toute prise au vent. Des fleurs éclosent par milliers. Le pavot arctique incline ses pétales jaune vif comme des paraboles pour concentrer la chaleur du soleil vers le pistil. Pour mieux capter la lumière, les pétales des fleurs et les feuilles des plantes s'aplatissent sur le sol ou, au contraire, se dressent de façon à se placer perpendiculairement aux rayons du soleil. Plus encore que le froid, la sécheresse est l'ennemi des plantes de l'Arctique. Dans le haut Arctique, il ne pleut pas plus que dans le désert du Sahara. Les plantes réduisent leurs pertes en eau en diminuant la dimension de leurs feuilles ou en se couvrant d'une couche très dense de cils qui servent également à emmagasiner la chaleur.

Les Oiseaux

À l'issue du plus long des voyages, les couples de sternes arctiques se reforment. Dès l'éclosion des œufs, commence le va-et-vient entre l'océan et le nid. Quelques semaines suffiront aux poussins pour grandir et affronter à leur tour la grande épreuve de la migration.

Les sternes nichent à même le sol de la toundra. Les couples, qui se reforment chaque année, ont tout un rituel. Le mâle offre un poisson à sa compagne pour faire sa cour. Celle-ci se fait généralement prier avant de l'accepter. On peut passer juste à côté des œufs mouchetés sans les voir. Mais le visiteur est souvent accueilli par un concert de cris indignés et même d'attaques en piqué qui peuvent aller jusqu'au coup de bec sur le crâne.

Sur le bord de la banquise, des bandes de sternes arctiques sont à la pêche. Elles se laissent tomber comme des pierres sur leurs proies, petits poissons ou crustacés, et remontent aussitôt. Les gracieuses hirondelles de mer qui ne pèsent que 150 grammes ont accompli un fantastique voyage de plus de 10 000 kilomètres depuis l'Antarctique pour retrouver les riches eaux du Nord. À la fin de l'été, elles feront le trajet en sens inverse. La sterne arctique ne connaît pratiquement pas la nuit de toute son existence : elle passe du jour permanent de l'hémisphère Sud au jour permanent de l'hémisphère Nord.

Une équipe de recherche française projette d'équiper des sternes arctiques d'une minuscule balise afin de suivre pour la première fois leur fantastique voyage d'un pôle à l'autre.

Grand prédateur de lemming, la chouette harfang retrouve chaque année le même lieu de nidification.

En été, la toundra se couvre de graminées, de plantes à fleurs et même d'arbustes à fruits. Pour quelques mois, elle devient le plus grand pâturage du monde.

Les plongeons comptent parmi les plus élégants oiseaux du Nord. Grâce à leur corps fuselé, ils se propulsent comme des fusées sous l'eau à la poursuite des poissons.

La chouette harfang est un grand rapace très puissant qui se nourrit de lemmings. Le mâle peut en capturer 1 500 pendant la belle saison. C'est lui qui ravitaille la femelle pendant tout le temps de couvaison. Elle aussi pond ses œufs à même le sol. La couvée compte de quatre à six œufs, mais les années où les lemmings sont abondants, le nombre d'œufs peut monter jusqu'à 15. Les années de disette, la chouette ne nidifie pas.

Naturellement, plus on monte vers le Nord, plus les conditions sont rudes. Sous les hautes latitudes, il faut parfois plusieurs années de photosynthèse pour qu'une plante produise des fleurs et une année encore pour que les graines mûrissent. Lorsque les conditions deviennent si sévères qu'aucune plante ne peut pousser, on trouve encore du lichen. Ce végétal est une association d'un champignon et d'une algue vivant en symbiose. Certains lichens parviennent à pousser par une température de – 20 °C. Dans certains cas extrêmes, ils ne poussent qu'une seule journée par an et d'un centimètre par siècle ! En Arctique, la vie sait prendre son temps.

Une escadrille de guillemots de Brünnich se pose sur l'océan, dans une baie d'eau libre entourée de glace. Ce petit oiseau trapu au plumage noir et blanc est de la famille des alques, comme le macareux. Il ne s'éloigne guère de la banquise sous laquelle il plonge pour pêcher sa nourriture. Au rythme des saisons, de l'avancée et du recul de la banquise, il parcourt chaque année des milliers de kilomètres pour rester au contact de la glace.

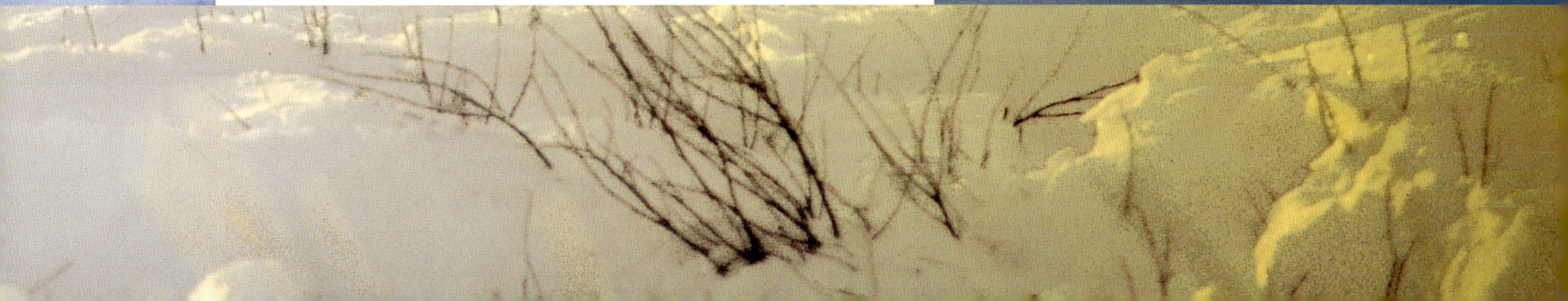

La mouette ivoire, au plumage immaculé, niche jusqu'au-delà des 70° de latitude nord. Un record

Le pétrel fulmar plane infiniment au ras des vagues, même lorsque la mer est démontée. Près des côtes, il profite souvent des courants de marées pour capturer à la surface de minuscules invertébrés.

Les guillemots ont un faible pour la glace. Ils s'approchent au plus près de la lisière de la banquise, là où se concentre la nourriture.

Ses courtes ailes et ses petites pattes lui donnent l'air un peu lourdaud, en vol comme à terre, mais il bat des ailes si vite qu'il atteint la vitesse de 75 km/h. À peine posé, le groupe bascule tête la première et disparaît sous l'eau. En plongée, le guillemot ouvre les ailes à demi et s'enfonce à petits coups réguliers. Il peut rester plusieurs minutes sous l'eau et plonger jusqu'à 100 mètres pour chasser les bancs de poissons, de krill ou de calmars.

Il niche en colonies qui peuvent réunir plusieurs centaines de milliers d'oiseaux sur les hautes falaises qui dominent l'océan. Au large de Terre-Neuve, au Canada, l'île de Funk accueille 340 000 couples sur une surface d'un hectare et demi. Sur la colonie, le vacarme est assourdissant et l'odeur du guano est âcre. Mais quelle ambiance ! On se dispute pour le moindre espace disponible. Les querelles de couples s'ajoutent aux conflits de territoire. Un simple rebord de corniche suffit au couple qui ne s'embarrasse pas de la construction d'un nid : avec quel matériau le ferait-il ? La femelle pond un œuf unique, en forme de poire pour ne pas rouler. Il est alternativement couvé par roulement de un ou deux jours par les adultes qui s'éloignent jusqu'à 100 kilomètres en mer pour pêcher. Lorsque des oiseaux prédateurs attaquent la colonie, corbeaux ou goélands, de nombreux œufs tombent des falaises. Les ours ont pris l'habitude de venir rôder au pied des grandes murailles de pierre.

Dès les beaux jours, dans un vacarme assourdissant, le guillemot de Brünnich ne cesse plus ses allées et venues entre la falaise où il niche et l'océan où il se nourrit.

En basculant de l'autre côté du miroir,
ils s'inventent une nouvelle vie.

Le renard fait ses réserves pour l'hiver.

Ses courtes ailes et ses petites pattes lui donnent l'air un peu lourdaud, en vol comme à terre, mais il bat des ailes si vite qu'il atteint la vitesse de 75 km/h. À peine posé, le groupe bascule tête la première et disparaît sous l'eau. En plongée, le guillemot ouvre les ailes à demi et s'enfonce à petits coups réguliers. Il peut rester plusieurs minutes sous l'eau et plonger jusqu'à 100 mètres pour chasser les bancs de poissons, de krill ou de calmars.

Il niche en colonies qui peuvent réunir plusieurs centaines de milliers d'oiseaux sur les hautes falaises qui dominent l'océan. Au large de Terre-Neuve, au Canada, l'île de Funk accueille 340 000 couples sur une surface d'un hectare et demi. Sur la colonie, le vacarme est assourdissant et l'odeur du guano est âcre. Mais quelle ambiance ! On se dispute pour le moindre espace disponible. Les querelles de couples s'ajoutent aux conflits de territoire. Un simple rebord de corniche suffit au couple qui ne s'embarrasse pas de la construction d'un nid : avec quel matériau le ferait-il ? La femelle pond un œuf unique, en forme de poire pour ne pas rouler. Il est alternativement couvé par roulement de un ou deux jours par les adultes qui s'éloignent jusqu'à 100 kilomètres en mer pour pêcher. Lorsque des oiseaux prédateurs attaquent la colonie, corbeaux ou goélands, de nombreux œufs tombent des falaises. Les ours ont pris l'habitude de venir rôder au pied des grandes murailles de pierre.

Dans l'Arctique, l'automne est une saison aussi courte que le printemps. La toundra prend des teintes rouille. La linaigrette, ou herbe à coton, ondule sous le vent. La première neige ne tardera pas.

Un galop sourd trouble la tranquillité de la plaine. Deux bœufs musqués mâles s'affrontent pour le contrôle de la harde. Regard farouche sous le front bas, ils se défient. Ils soufflent et raclent le sol du sabot. Et puis selon un rituel bien rodé, ils s'éloignent l'un de l'autre de quelques dizaines de pas et se jettent de toute leur vitesse l'un contre l'autre ! Le choc, incroyablement sonore, fait penser à un coup de fusil. Un instant étourdis, les adversaires reprennent bruyamment leur souffle. Ils se séparent et se jettent à nouveau l'un sur l'autre. L'épreuve recommence jusqu'à ce que l'un d'eux demande grâce et se retire, la tête basse. Le vainqueur aura le privilège de s'accoupler et la tâche de protéger la harde des loups.

L'Automne

Les bœufs musqués adoptent face aux loups une tactique qui a fait ses preuves : ils forment un cercle en plaçant les jeunes au milieu et opposent à la meute un barrage de cornes infranchissable. Mais cet adversaire en perpétuel mouvement harcèle la harde sans relâche jusqu'à ce que le cercle s'ouvre et qu'il puisse s'attaquer aux plus jeunes. Le loup est un adversaire impitoyable, d'une endurance sans limites. Il peut jeûner pendant de longs jours et sait au besoin se contenter d'un modeste lemming.
Octobre est aussi la saison des affrontements des caribous. Les mâles se défient tête baissée et se jettent l'un contre l'autre, entrechoquant violemment leurs bois. Il arrive que les grandes ramures s'emmêlent, parfois de façon inextricable. Nous avons filmé à la frontière du Canada et de l'Alaska deux mâles que rien ne pouvait plus séparer. L'un d'eux était déjà mort. L'autre, épuisé, n'allait pas tarder à connaître le même sort. Alentour, des traces bien reconnaissables : les loups attendaient leur heure.

Les bœufs musqués reprennent possession de leur territoire.

Les mâles vont s'affronter.

De l'issue du combat dépend l'avenir du clan.

L'automne est aussi l'époque des joutes chez les ours blancs. Les jeunes mâles s'affrontent dans des luttes amicales qui s'apparentent parfois au combat de sumos. Ils se dressent sur leurs pattes arrière, s'embrassent, se mordillent jusqu'à ce que l'un perde l'équilibre. Et le jeu recommence. Cet entraînement spectaculaire préfigure d'autres affrontements, plus sérieux, qui peuvent se produire à la fin du printemps entre deux mâles dominants pour les yeux d'une femelle.

Cette joute amicale entre deux grands « ados » préfigure l'entrée dans le monde des adultes. Au printemps, ces deux mâles s'affronteront peut-être pour les yeux d'une belle ourse...

L'automne ramène la nuit sur la Planète blanche. Pour les oiseaux, c'est le signal du départ. Pour les parents, l'été fut une course contre la montre afin que les petits soient suffisamment forts pour affronter l'épreuve de la migration et le retour de l'hiver. Cette fois, c'est l'heure de vérité. Prêts ou pas, c'est le moment du grand voyage...
Les morses, les phoques, les ours, tous les animaux qui dépendent de la glace attendent le retour de la banquise. Avec les premiers grands froids, l'océan semble s'épaissir et prend la couleur du plomb. Une étrange alchimie s'opère, transmutant l'eau en une matière incertaine, ni liquide, ni solide. La surface ne se ride plus sous le vent. L'eau devient pâte et se solidifie rapidement. La glace atteint vite quelques centimètres d'épaisseur. Mais la houle disloque cette croûte mince qui se brise. En se heurtant les unes aux autres, les plaques prennent une forme circulaire et se cernent de bourrelets. Ce sont des crêpes de glace qui se soudent peu à peu. La chape de l'hiver se referme sur l'océan comme sur la terre, recouvrant le monde d'un linceul uniforme.

La Planète blanche retrouve peu à peu la couleur de l'hiver.

Le phoque barbu, un des plus grands phoques de l'Arctique, aime les longues siestes au soleil. Au besoin, il peut casser la glace mince de sa tête massive pour respirer.

La famille ours retrouve enfin son territoire de chasse, la banquise. La longue période de jeûne s'achève. Pour les jeunes, le moment est venu de faire leurs preuves. Vont-ils être capables de chasser seuls ? Aux côtés de leur mère, ils ont appris toutes les ficelles du métier. Ils savent comment surprendre le phoque annelé à la sortie de l'aglu, détecter sa présence dans la tanière de neige. Mais ont-ils assez d'expérience pour se débrouiller sur cette banquise dont il devient de plus en plus difficile de prévoir l'état ?

Depuis quelques dizaines d'années, le réchauffement climatique global provoque un recul de la banquise de l'Arctique. Elle s'amenuise en surface, en épaisseur. La banquise saisonnière se forme plus tard à l'automne et fond plus tôt au printemps. Pour les ours, la saison de chasse se réduit de plusieurs semaines par an. Une situation particulièrement difficile pour les femelles, qui ont peu de temps pour reconstituer leurs réserves de graisse. Or l'avenir de l'espèce est entre leurs pattes...

Épilogue

Pendant des mois
la mère a veillé sur
ses petits.
Elle les a nourris,
jour après jour.
Désormais, ils sont assez forts
pour se débrouiller seuls.
Elle ne chassera plus pour eux.

Les spécialistes doutent que l'ours polaire puisse adapter son mode de vie dans un délai de quelques dizaines d'années pour se tourner vers d'autres proies. C'est un redoutable chasseur, mais très spécialisé. Il disparaîtra, à mesure que la glace se retirera. Au début du siècle dernier, les morses habitaient encore l'estuaire du fleuve Saint-Laurent. Ils ont aujourd'hui disparu, repoussés vers le Nord par le changement climatique. Mais les ours n'auront, eux, aucun refuge...

La mère ourse regarde ses jeunes s'éloigner. Peut-elle ressentir de l'inquiétude pour eux ? Sans doute pas. Les animaux vivent dans l'instant présent et ne peuvent se projeter dans l'avenir. Nous, nous le pouvons. Nous avons interrogé le climat du passé pour mieux comprendre le climat du futur. L'ère industrielle a déjà déversé dans l'atmosphère suffisamment de gaz à effet de serre pour réchauffer la Terre pendant au moins mille ans. Quoi que nous fassions aujourd'hui, le climat va se réchauffer. À mesure que disparaîtront les grandes étendues blanches de l'Arctique au profit de surfaces de couleur sombre, comme l'océan, notre planète absorbera toujours plus la chaleur du soleil au lieu de la renvoyer vers l'espace. L'océan se réchauffera, faisant fondre encore davantage de glace. C'est ainsi que la banquise pourrait disparaître complètement en été dès le milieu de ce siècle. Personne ne peut aujourd'hui mesurer les conséquences d'un tel bouleversement pour l'écosystème polaire.

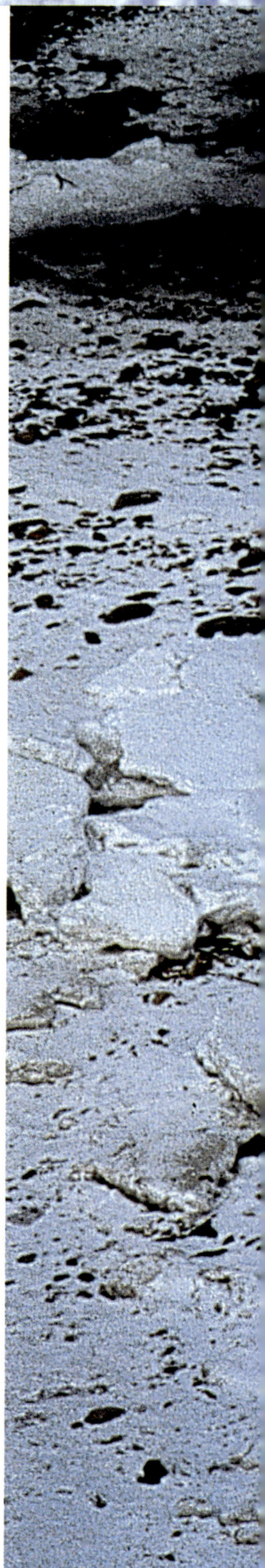

L'adaptation parfaite de l'ours polaire à la glace le rend très vulnérable aux bouleversements de son environnement. Or pour survivre, il lui faudra s'adapter, probablement en l'espace de quelques dizaines d'années, à un nouveau mode de vie.

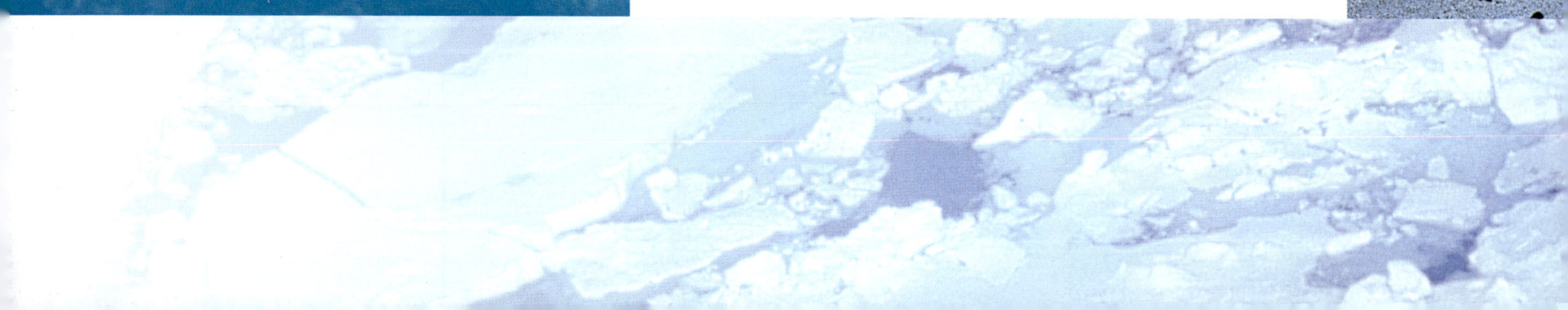

Autre sujet d'inquiétude, la circulation océanique mondiale. Dans l'hémisphère Nord, elle est en partie amorcée par les eaux froides et lourdes du pôle qui coulent et alimentent la circulation profonde. Les scientifiques craignent que cette alimentation ne s'affaiblisse dans les prochaines décennies, ralentissant le mouvement général des eaux. Nous sommes des apprentis sorciers qui ont déréglé la délicate machine thermique Terre et nous devrons supporter les conséquences de notre insouciance...
L'ours, que les Inuits considèrent presque comme un alter ego, incarne la victime de notre comportement vis-à-vis de la planète, comme le panda, les grands singes ou les baleines. Lui si dépendant de la glace qui le fait vivre, comment pourrait-il s'adapter ? Malgré sa force, son courage, sa ruse, il est vulnérable. Personne ne peut rester indifférent au spectacle d'un ours à la peine sur une banquise qui se dérobe sous sa patte. La fonte de la glace, c'est un univers, son monde à lui qui disparaît. Et quelque part un peu de nous-mêmes.

D'une année à l'autre, je vois la surface de la glace se réduire.

Le climat se réchauffe, l'homme en est la cause, et l'Arctique sa victime.

Si rien ne change, la banquise pourrait disparaître en été, avant la fin du siècle, et, avec elle, de nombreuses espèces.

Dans cet univers qui se dérobe,
j'ai entendu la complainte de l'ours.
Attention à ne pas perdre le Nord...

Le 13 juillet 2005, nous sommes près d'Igloolik, un des plus attachants villages inuits de l'Arctique canadien, au sud de la terre de Baffin. Le tournage, commencé trois ans plus tôt au même endroit, s'achève. Nous n'avons pas dormi depuis 24 heures, mais personne n'a sommeil. Nous savourons nos derniers instants sur la glace. Sur cette banquise que nous avons appris à connaître et qui reste si mystérieuse...

Nous avons attendu jusqu'à la dernière minute pour essayer de faire voler la cinébulle de Dany Cleyet-Marrel, alias monsieur Radeau des cimes, mondialement connu pour ses talents d'ingénieur aéronautique et de pilote émérite. Thierry Machado, le chef-opérateur, a fait un petit vol d'essai, caméra fixée, mais le vent, trop fort, interdit toute prise de vue. Il a fallu reposer la petite montgolfière d'urgence. Cinq bateaux mobilisés, une belle galère pour transporter l'engin – et le gaz ! – jusqu'à cette terre lointaine du Nunavut, pour rien. C'est ça, le cinéma...

Making-Of

Pourtant, nous avons tous le sourire sur la photo. Nous sommes heureux de tout ce temps passé ensemble sur la glace. De la complicité avec nos guides Inuits. De notre incroyable rendez-vous avec les baleines boréales...
Cette nuit encore, elles sont venues vers nous. Nous étions installés au bord de la banquise comme à notre habitude, et les grandes baleines sont arrivées. Elles ont soufflé devant nous, plongé dix fois, vingt fois, à quelques mètres de l'objectif seulement. Comme pour nous dire adieu.
Au fil du temps, dans l'Arctique, nous avons compris que nous avions rendez-vous avec les animaux. Ils nous ont accordé des audiences. Les baleines, les ours, et même les caribous, si souvent déguisés en courant d'air, sont davantage venus à nous plus que nous ne sommes allés à eux.

Dans l'intimité de la faune arctique, les équipes de tournage ont campé de longues semaines au bord de la banquise, monde mouvant en perpétuelle transformation.

Comment oublier ce jour où, après une semaine de cache-cache dans le labyrinthe de la banquise, après quelques ampoules à charrier le matériel, quelques chutes dans l'eau glacée, une grande baleine boréale a surgi juste devant nous ? Elle a émergé comme un fantôme dans le trou devant lequel nous étions à l'affût, à plat ventre sur la glace, depuis des heures. Ce fut d'abord une ombre, puis une tête gigantesque qui est sortie de l'eau, à la verticale, et un petit œil vif qui nous a fixés. Inoubliable ! Le cœur battant, nous avons déclenché la petite caméra sous-marine, fixée au bout de sa perche, juste sous le nez de la belle. Deux minutes de film Super 16 dans le minuscule boîtier. Deux minutes d'intimité avec la plus secrète des baleines. Deux minutes de bonheur…

Gonfler la montgolfière sur la banquise d'été n'est pas une sinécure : la glace est de plus en plus mitée par la fonte et des pans entiers peuvent se détacher d'un instant à l'autre...

Chaque matin au sortir de la tente, un coup d'œil anxieux dans les jumelles. Où sont les bateaux ? Dans ce monde sans port, sans anneaux d'amarrage, les embarcations sont simplement posées sur la glace et laissées à la garde de Sedna, l'esprit de la mer. Mais les esprits inuits sont facétieux. Un jour sur trois, les bateaux partent à la dérive sur la banquise sur laquelle ils se trouvaient et qui s'est soudainement détachée. Et c'est la course pour les retrouver.

Reste à arrimer tout le matériel sur les « komatiks », ces merveilleux traîneaux inuits à tout faire, et à partir à la chasse aux images. Une randonnée d'une heure en komatik par bosses et crevasses suffit à ruiner le dos pour le reste de la journée...

La météo peut faire tourner l'expédition au cauchemar. Le jour où un vent sournois a rabattu la glace dispersée au large le long de la banquise, l'équipe s'est retrouvée prisonnière. Il a fallu tirer, hisser, haler le bateau toute la « nuit » (le jour est permanent) pour sortir du piège. Et lorsque le brouillard s'est mis de la partie, nous avons remercié Sedna d'avoir doté les Inuits d'un sens de l'orientation infaillible...
Les morses ont été des clients déconcertants. Difficile d'impressionner un mâle d'une tonne, même en lui mettant la caméra sous le nez. Il est chez lui et vous fait savoir d'un mouvement de défense et d'un bruit de babine très expressif que l'entretien est terminé. Les jeunes sont plus expéditifs : le premier jour du tournage, notre canot a été chargé par deux jeunes bien décidés à monter à bord !

Après un premier rendez-vous manqué avec les caribous de la rivière Porcupine, à la frontière du Canada et de l'Alaska, nous avons mis toutes les chances de notre côté dans le nord du Québec : deux hélicoptères pour les repérer dans les immensités d'une toundra vaste comme la France, avec des stocks de carburant cachés dans la nature. Heureusement, cette fois, ils étaient au rendez-vous. Toute la harde de la rivière George ou presque était là. 200 000 caribous ? 300 000 caribous ? Une armée innombrable qui fait trembler le sol sous ses pas. Protégée des moustiques par des masques intégraux, l'équipe a filmé la migration de l'intérieur. Fabuleux spectacle d'un monde sauvage vivant en complète liberté, comme au matin du monde...

Crédits Photographiques

Rémy Marion : p. 4-9, 12-19, 23-33, 36-40, 42-43, 46-48, 50-51, 54-67, 70, 72-75, 78-80, 83, 86-91, 93, 95-102, 104-108, 111-112, 114-115, 118-119, 120-121, 124, 126-127, 128-135, 138-140, 142-145, 152-153
Catherine Marion : p. 34-35, 44-45, 52, 60, 62, 82
Catherine et Rémy Marion : p. 41, 47, 49, 53, 112, 113, 116-117, 127, 134, 141, 146-147
Jean Lemire : p. 72 (bas), 87, 93 (gauche), 95 (bas), 120, 134 (haut)
Marc Gadoury : p. 81
Thierry Piantanida : p. 144
Gilg & Sabard/GREA : p. 19 (bas), 92, 124 (haut), 125, 136-137
Xavier Desmier/Rapho : p. 82 (bas), 94, 103, 108 (droite), 109, 110, 148-159
John Pitcher/Age Fotostock/Hoa-Qui : p. 10, 140 (gauche)
Morales/Age Fotostock/Hoa-Qui : p. 20-21
Michael S. Nolan/Age Fotostock/Hoa-Qui : p. 21
Doug Allan/NPL/Jacana : p. 49 (gauche), 122-123
Sylvain Cordier/Jacana : p. 69
Staffan Widstrand/NPL/Jacana : p. 70-71
Doc White/NPL/Jacana : p. 77
Martha Holmes/NPL/Jacana : p. 80 (bas), 84-85
Jeff Vanuga/Corbis : p. 68
Photogrammes © Gédéon : p. 19, 24-25, 37, 54, 72, 128

La Planète Blanche

Un film de THIERRY RAGOBERT et THIERRY PIANTANIDA

Avec la participation de JEAN LEMIRE

Une coproduction franco-canadienne :
GEDEON PROGRAMMES, BAC FILMS, FRANCE 2 CINÉMA,
GLACIALIS PRODUCTIONS, OFFICE NATIONAL DU FILM DU CANADA

Avec la participation de CANAL+, CNC, TÉLÉFILM CANADA

Commentaire de JEAN-LOUIS ÉTIENNE

Scénario de THIERRY PIANTANIDA et STÉPHANE MILLIÈRE

Musique composée et orchestrée par BRUNO COULAIS

Producteurs délégués : STÉPHANE MILLIÈRE, JEAN LABADIE, JEAN LEMIRE

Producteurs exécutifs : JEAN-PIERRE SAIRE et JOSÉE ROBERGE (Canada)

Maquette : Nadège Duruflé

Achevé d'imprimer en Espagne par Mateu-Cromo

Dépôt légal : octobre 2006
ISBN : 2-7499-0546-X
LAF 858